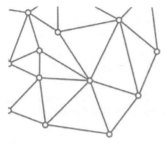

Hear, O Israel. The LORD our God is on ,
And thou shalt love the LORD the God with
and this all thy soul, and with all thy mig
and these words, which I command thee th
shall be in thine heart.

the Family 더 패밀리

하나님 나라의 가족

가정, 교회, 사회, 하나님 나라 / SH 쉐마교육에서 해답을

Global SH Shema Academy
글로벌 SH 쉐마교육원

이스라엘아 들으라 우리 하나님 여호와는
오직 유일한 여호와이시니 너는 마음을 다
하고 뜻을 다하고 힘을 다하여 네 하나님
여호와를 사랑하라 오늘 내가 네게 명하는
이 말씀을 너는 마음에 새기고 네 자녀에
게 부지런히 가르치며 집에 앉았을 때에든
지 길을 갈 때에든지 누워 있을 때에든지
일어날 때에든지 이 말씀을 강론할 것이며
너는 또 그것을 네 손목에 매어 기호를 삼
으며 네 미간에 붙여 표로 삼고 또 네 집
문설주와 바깥 문에 기록할지니라
(신 6:4-9)

쉐 마

Πάτερ ἡμῶν ὁ ἐν τοῖς οὐρανοῖς· ἁ
γιασθήτω τὸ ὄνομά σου· ἐλθέτω ἡ β
ασιλεία σου· γενηθήτω τὸ θέλημά
σου, ὡς ἐν οὐρανῷ καὶ ἐπὶ τῆς γῆς·
τὸν ἄρτον ἡμῶν τὸν ἐπιούσιον δὸς
ἡμῖν σήμερον· καὶ ἄφες ἡμῖν τὰ ὀφ
ειλήματα ἡμῶν, ὡς καὶ ἡμεῖς ἀφίεμ
εν τοῖς ὀφειλέταις ἡμῶν· καὶ μὴ εἰ
σενέγκῃς ἡμᾶς εἰς πειρασμόν, ἀλλὰ
ῥῦσαι ἡμᾶς ἀπὸ τοῦ πονηροῦ. Ὅτι
σοῦ ἐστιν ἡ βασιλεία καὶ ἡ δύναμι
ς καὶ ἡ δόξα εἰς τοὺς αἰῶνας. ἀμήν.

하늘에 계신 우리 아버지, 아버지의 이름
을 거룩하게 하시며 아버지의 나라가 오게
하시며, 아버지의 뜻이 하늘에서와 같이
땅에서도 이루어지게 하소서. 오늘 우리에
게 일용할 양식을 주시고, 우리가 우리에
게 잘못한 사람을 용서하여 준 것 같이,
우리 죄를 용서하여 주시고, 우리를 시험
에 빠지지 않게 하시고, 악에서 구하소서.
나라와 권능과 영광이 영원히 아버지의 것
입니다. 아멘. (마 6:9-13)

주기도

SH 쉐마교육, 더 패밀리

שָׁמַע
Shema
신 6:4-9

Πάτερ ἡμῶν
Lord's Prayer
마 6:9-13

머 리 말

한국 사회는 빠르게 변하고 있습니다. 개인주의의 확산, 가족 해체, 저출산·고령화로 인해 가정의 모습이 급격히 달라지고 있으며, 한국교회 또한 세속화와 탈종교화의 도전에 직면해 있습니다. 교회학교는 쇠퇴하고, 다음 세대를 신앙으로 세우는 일이 점점 더 어려워지고 있습니다. 이러한 현실 속에서 우리는 가정과 교회의 본래 모습을 회복해야 할 긴박한 필요를 느낍니다.

성경은 가정을 신앙교육의 중심으로 제시합니다. 신명기 6:4-9의 쉐마(Shema)는 하나님을 사랑하고 그의 말씀을 자녀들에게 부지런히 가르치라고 명령합니다. 신앙은 단순한 교리가 아니라 삶의 전 영역에서 살아내야 하는 것이며, 그 시작은 가정이어야 합니다. 그러나 오늘날 많은 성도들은 신앙과 삶이 분리된 채 살아가고 있으며, 가정이 신앙교육의 장이 되어야 한다는 사실을 잊고 있습니다. SH 쉐마교육은 이러한 문제의식에서 출발했습니다.

이 책은 성도들이 가정과 지역교회에서 실천할 수 있는 신앙생활의 구체적인 틀을 제공합니다. 가정이 단순한 생활 공간이 아니라 하나님 나라의 작은 공동체로 세워지도록 돕고, 교회가 성도들의 신앙 성장과 가정 신앙교육을 효과적으로 지원할 수 있도록 방향을 제시합니다. 이를 통해 성도들이 예수 그리스도를 닮은 그리스도인의 모습으로 성공적이고 행복한 삶을 살아가도록 돕는 것이 이 책의 궁극적인 목표입니다.

우리는 다시 기본으로 돌아가야 합니다. 교회는 하나님의 가족이며, 가정은 신앙의 첫 번째 배움터입니다. '더 패밀리'가 교회와 가정이 하나님의 뜻대로 세워지는 데 유용한 도구가 되기를 바라며, 이 책을 통해 많은 가정과 교회가 하나님의 생명력과 기쁨을 회복하게 되기를 간절히 소망합니다.

2025. 2. 7

글로벌 SH 쉐마교육원 원장 오경남 목사

'더 패밀리'의 내용

'더 패밀리'는 이 땅에 세워진 교회를 위한 교육 자원으로, 행복한 가정과 건강한 지역교회를 세우기 위한 성경적 원리와 방법을 제시하고 있다. 또한 '더 패밀리'는 행복한 가정의 기초가 되는 신앙 및 정서의 중요성을 강조하며, 모든 성도가 자신이 몸담은 (가정, 교회, 사회) 공동체에서 자기 역할을 발견하도록 돕는다.

topic 1. 행복한 우리 가정

모든 그리스도인의 가정이 행복하도록 SH 쉐마교육을 소개하고 있다.

topic 2. 하나님의 창조, 가족

하나님이 약속하신 모든 선한 것들이 건강한 가족 관계를 통하여 다음 세대로 흘러가도록 한다.

topic 3. 땅에 세워진 가족

복음과 세례의 가치에 걸맞은 가족이 되도록, 가족의 가치를 담은 규칙을 만들면서, 신뢰와 사랑을 쌓는 시간을 갖게 한다.

topic 4. 마음속 감정

사람의 마음에 생겨나는 감정을 인식하는 힘을 기르며, 나아가 그 감정 조절에 대한 기본적인 이해를 갖게 한다.

topic 5. 감정과 친해지기

자신이 몸담은 곳이 행복한 (가정, 교회, 사회) 공동체가 되도록 감정이 발생하는 메커니즘, 감정 습관 및 특징 등을 배운다.

topic 6. **불안** (믿음의 결핍)

'더 패밀리'에 참여하는 가족마다 예수 그리스도를 닮아가도록 감정을 '인식, 이해, 활용, 관리'하는 성경적이고 실제적 방법을 배우는 시간이다.

topic 7. **화** (사랑의 결핍)

topic 8. **우울** (소망과 감사의 결핍)

'더 패밀리'의 유익한 점

'더 패밀리'는 이 땅에 세워진 교회와 성도의 가정에 다음과 같은 유익을 준다.

▪ 신앙 중심의 가정

성도들이 교회에서 배운 신앙을 가정에서 실천할 수 있도록 도우며, 성경적 가치관으로 행복한 가정을 세우는 방법을 제시한다.

▪ 갈등 해결 및 소통 증진

가족 간의 효과적인 의사소통과 갈등 해결 방안을 제안함으로써, 가족 구성원 간의 관계 개선을 촉진한다.

▪ 정서적 건강

하나님 나라의 정서를 배우고 훈련하는 가운데 신앙의 성장과 성숙을 도모하며, 결과적으로 건강하고 행복한 가정과 지역교회가 세워지도록 돕는다.

▪ 세대 간의 연결

다음 세대의 신앙을 위한 교육적 기초를 제공함으로써 한국교회의 지속 가능한 성장을 도모한다.

topic 1   행복한 우리 가정

행복한 가정은
모두 모습이 비슷하고,
불행한 가정은
저마다 나름의 이유가 있다.

"네 집 안방에 있는 네 아내는 결실한 포도나무 같으며 네 식탁에 둘러앉은 자식들은 어린 감람나무 같으리로다."
(시 128:3)

"Your wife will be like a fruitful vine within your house; your sons will be like olive shoots around your table."

나눔과 활동 1

행복한 우리 가정

verkeorg, flickr
Happy family, Kids drawing

가훈 예수만 섬기는 우리 집
Serve Only JESUS

love
one another

1. 예수님을 믿고 나서 당신의 삶에 '가장 좋은 변화'는 무엇입니까?

2. 온 가족이 마음을 합하여 5행시 짓기를 합니다.

행 •

복 •

한 •

가 •

정 •

3. 우리 가정이 행복해지려면 다음과 같은 것들이 필요합니다.

■ 육체적 건강　　　　　　　■ 필요한 물질(돈)

■ '엄마와 아빠'의 좋은 관계

■

■

■

■

나눔과 활동 2

행복한 감정

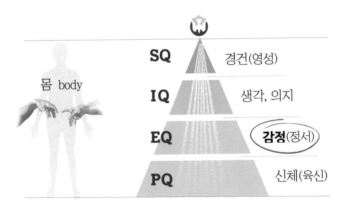

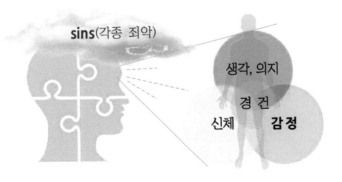

1. (신체, 감정, 생각과 의지, 경건 중에서)

   행복은 어떤 것들로부터 영향을 받습니까?

2. (SQ, IQ, EQ, PQ 중에서)

   어느 것이 행복에 가장 큰 영향을 미치겠습니까?

3. (당신이 그리스도인이라면)

   예수님을 믿어야만 행복한 이유를 설명할 수 있습니까?

나눔과 활동 3
바른 신앙생활

하나님 사랑

이웃 사랑

▲ 막힌 담을 허신 그리스도

▲ 선한 사마리아인(좌), 두 푼을 헌금한 가난한 과부(우)

Tissot

1. 그리스도인의 바른 신앙생활은 다음 사실로 확인할 수 있습니다.

    1) .... 과의 관계 (마 22:37)

    2) .... 과의 관계 (마 22:39)

    3) 남편과 .... 와의 관계 (엡 5:22-28)

       부모와 .... 와의 관계 (엡 6:1-3)

2. 그리스도인이 '사랑해야 할 이웃'은 구체적으로 다음과 같습니다.

    ■ 강도 만난 자 (눅 10:30)   ■ 소외된 사마리아 여인 (요 4:9)

    ■ 지극히 작은 자 (마 25:35-36, 40)   ■ 가난한 자 (잠 17:5, 19:17)

    ■ .... 등

3. 가정의 행복을 허무는 악한 세력들은 무엇이며, 어떻게 대비합니까?

    1) 가정의 행복을 허무는 악한 세력들은 다음과 같습니다.

      ① (지나친) .... (잠 30:9)

      ② (화목과 거리가 먼) .... (막 3:25)

      ③ (재앙, 사고)와 .... (신 29:22)

      ④ .... 등

    2) 당신은 위와 같은 세력들을 어떻게 대비하고 있습니까?

나눔과 활동 4

SH 쉐마교육

가정 예배 습관

반 복
기 억

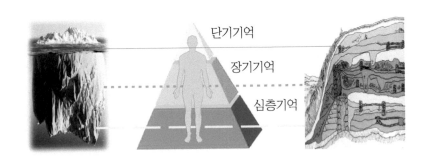

단기기억

장기기억

심층기억

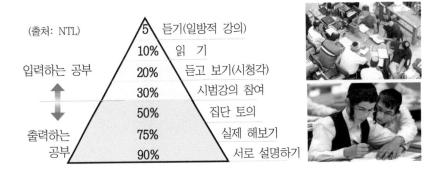

(출처: NTL)

	5	듣기(일방적 강의)
	10%	읽 기
입력하는 공부	20%	듣고 보기(시청각)
	30%	시범강의 참여
	50%	집단 토의
출력하는 공부	75%	실제 해보기
	90%	서로 설명하기

1. 쉐마교육이 가정에서 실천되는 원리는 다음과 같습니다.

   1) .... (신 6:2, 7)

   2) .... (신 6:7)

   3) .... (신 6:8, 9)

2. (신명기 6:7절과 같이) **부모가 자녀에게,**
  시간과 장소를 가리지 않고 부지런히 가르치면 어떤 일이 벌어지겠습니까?

3. **'더 패밀리(the Family)'가 가정에서 어떤 방식으로 진행되면 좋겠습니까?**

나눔과 활동 5

나만의 경건 생활

제 1과. 행복한 우리 가정

제 2과. 하나님의 창조, 가족

제 3과. 땅에 세워진 가족

제 4과. 마음속 감정

제 5과. 감정과 친해지기

제 6과. 불안 (믿음의 결핍)

제 7과. 화(사랑의 결핍)

제 8과. 우울(감사와 소망의 결핍)

(A family tree, Wikimedia)

48. 예수께서, 그 말을 전해 준 사람에게
　　"누가 나의 어머니며, 누가 나의 형제들이냐?" 하고 말씀하셨다.

49. 그리고 제자들을 손으로 가리키며 "보아라, 내 어머니와 내 형제들이다.

50. 하늘에 계신 내 아버지의 뜻을 행하는 사람이 곧 내 형제요 자매요 어머니다"
　　하고 말씀하셨다. (마 12:48-50)

topic 2 하나님의 창조, 가족

창조의 완성이 안식이라면
구원의 완성은 샬롬의 평화이다.
가족이 평화롭게 안식하는 가정은
이 땅에 임한 하나님의 나라이다.

"이는 내 뼈 중의 뼈요 살 중의 살이라 . . . 남자가 부모를 떠나 그의 아내와 합하여 둘이 한 몸을 이룰지로다." (창 2:23, 24)

"This is now bone of my bones and flesh of my flesh . . . a man will leave his father and mother and be united to his wife, and they will become one flesh."

나눔과 활동 1
최초의 가족

God curses Adam & Eve   (James Tissot, 1836-1902)

God creating Adam   Adam and Eve driven from Paradise

맺어진 사랑의 언약   깨어진 사랑의 언약

상 속

? (창 1:26, 31; 2:7)

(하나님의 상속)

황폐해진 세상 (창 3:18)

하나님의 생명에서 떠난 삶
(창 3:19)

망가진 성품 (창 3:10, 12)

(아담의 상속)

1. 천지를 창조하신 하나님은 가족 제도를 창조하셨습니다.

   1) '최초의 ＿＿＿＿＿＿＿'은 아담과 하와가 한 몸을 이룸으로 시작되었습니다.

                                                 (창 2:24)

   2) 아담 가족의 가계도를 그립니다.

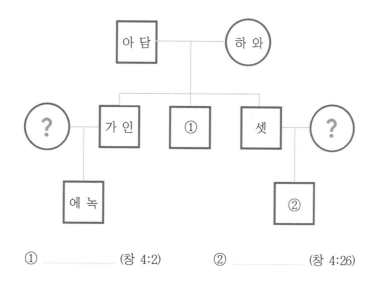

   ① ＿＿＿＿＿＿＿ (창 4:2)   ② ＿＿＿＿＿＿＿ (창 4:26)

2. 하나님은 '최초의 가족'에게 무엇을 상속하고 싶었습니까?

＿＿＿＿＿＿＿＿＿＿＿＿＿＿＿＿＿＿＿＿＿＿＿＿＿＿＿＿＿＿＿＿

＿＿＿＿＿＿＿＿＿＿＿＿＿＿＿＿＿＿＿＿＿ (창 1:26, 31, 2:7)

3. 타락한 아담은 후손에게 어떤 것들을 물려주게 되었습니까?

나눔과 활동 2

아브라함의 가족

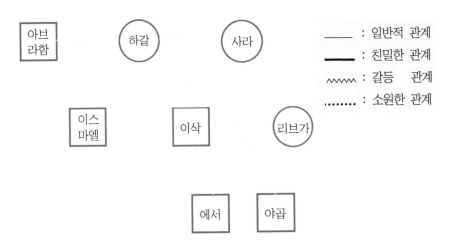

	: 일반적 관계
	: 친밀한 관계
~~	: 갈등 관계
....	: 소원한 관계

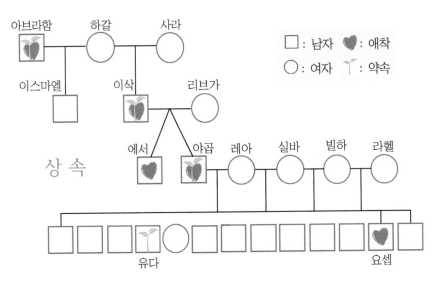

□ : 남자　♥ : 애착
○ : 여자　🌱 : 약속

✔ 애착 : 부모와 자녀 사이에 형성된 친밀한 정서적 관계

1. 이삭을 중심으로, 가족의 '**친소 관계**'를 나타내봅니다.

    (친소: 친함과 친하지 아니함)

2. 아브라함, 이삭, 야곱은 자녀와의 애착에 어떤 특징이 있습니까?

- 아브라함은 둘째 부인 하갈과 그녀의 아들 이스마엘을 브엘세바 광야로 내보냈다. (창 21:14)

- 아버지 이삭은 첫째 아들 에서를 사랑했고, 어머니 리브가는 둘째 아들 야곱을 사랑했다. (창 25:28)

- 야곱은 여러 아들들보다 요셉을 더 사랑했다. (창 37:3)

3. 아브라함과 그의 후손들은 하나님으로부터 무엇을 약속받았습니까?

  1) 눈에 보이는 것 : 큰 .... (창 12:2)

                    보이는 .... (창 13:15)

  2) 눈에 보이지 않는 것

    ....

                                      (창 12:3, 갈 3:8)

나눔과 활동 3

우리 가족

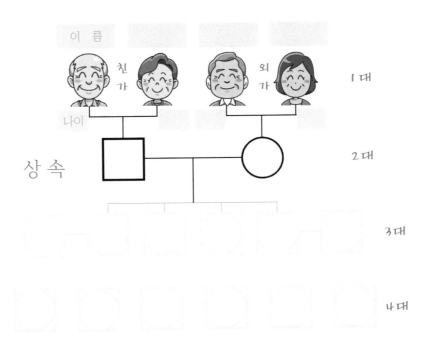

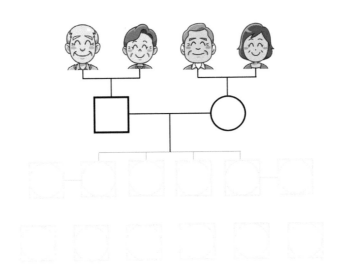

1. '우리 가족'의 가계도를 그립니다.

2. 다음과 같은 면에서 서로 비슷한 가족끼리 선으로 연결합니다.

> ▪ 신앙　　▪ 질병　　▪ 술, 담배　　▪ 이혼, 기타

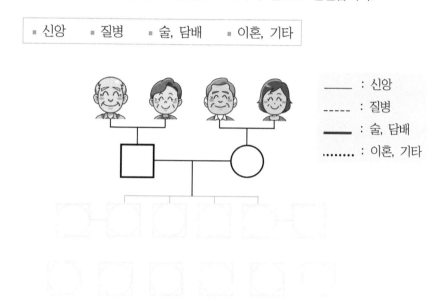

──── : 신앙
----- : 질병
━━━━ : 술, 담배
……… : 이혼, 기타

3. 당신은 부모님으로부터 무엇을 상속받고 싶(었)습니까?

   (혹 무엇을 상속받았습니까?)

나눔과 활동 4
다양한 가족

Receiving 영접   Baptizing 세례

1. 가족에 대해 다시 생각해 봅니다.

1) (한국의 상황에서) 아브라함의 가족 관계를 살펴보겠습니다.

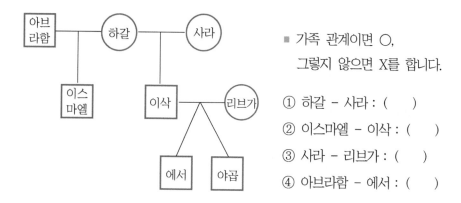

- 가족 관계이면 ○,
  그렇지 않으면 X를 합니다.

① 하갈 – 사라 : (   )

② 이스마엘 – 이삭 : (   )

③ 사라 – 리브가 : (   )

④ 아브라함 – 에서 : (   )

2) 우리 주변에는 갈수록 다양한 형태의 가족이 생겨나고 있습니다.

대가족, 이혼가족, 한부모가족, 1인가족, 입양가족, 다문화가족 등

① 어떤 형태의 가족이 제일 행복해 보입니까?

② 1인 가구 증가 원인과 혼자 사는 불편함에 대해 논의합니다.

2. 당신이 '하나님의 가족'이 되려면 다음 과정을 거쳐야 합니다.

1) 내용적인 면에서 .... 하고 (요 1:12)

2) 형식적인 면에서 .... 를 받아야 합니다. (행 2:38)

나눔과 활동 5

하나님의 가족
The Family of God

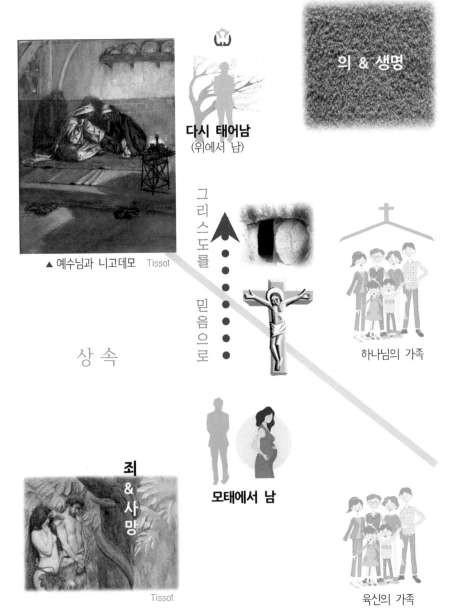

▲ 예수님과 니고데모   Tissot

다시 태어남
(위에서 남)

의 & 생명

그리스도를 믿음으로

상 속

하나님의 가족

모태에서 남

죄 & 사 망

Tissot

육신의 가족

1. '하나님의 가족'은 다음과 같은 준비 과정을 거쳐 탄생합니다.

    1) 하나님께서는 무엇을 준비하셨습니까? (요 3:16)

    2) 예수님께서는 무엇을 준비하셨습니까? (고전 15:3-4)

    3) 각 사람은 무엇을 준비해야 합니까? (요 1:12, 고전 15:2)

2. '하나님의 가족'이라면 다음 질문에도 답할 수 있어야 합니다.

    1) 사람이 '거듭났다'는 것은 무슨 뜻입니까? (요 3:3)

    2) 당신이 거듭났다는 사실을 어떻게 알 수 있습니까? (요 3:8)

3. '하나님의 가족'이 되었다면 다음 질문에도 답할 수 있어야 합니다.

    1) 하나님과 예수님이 당신에게 어떻게 느껴집니까?

    2) '하나님의 가족'이 됨으로써 좋은 점은 무엇입니까? (세 가지)

우리은하, R. Hurt / JPL-Caltech

광막한 공간과 영겁의 시간 속에서
행성 하나와 찰나의 순간을
앤과 공유할 수 있었음을 나에게는 커다란 기쁨이었다.

COSMOS, Carl Sagon

topic 3   땅에 세워진 가족

가족이 모여 사는 가정은
피할 바위와 산성이 되어야 한다.
비바람과 눈보라가 몰아쳐도
한편이 되어주는 가족이 있어 좋다.

"마른 떡 한 조각만 있고도 화목하는 것이 제육이 집에 가
득하고도 다투는 것보다 나으니라." (잠 17:1)

"Better a dry crust with peace and quiet than a house full
of feasting, with strife."

나눔과 활동 1
우리 가족의 추억

1. 우리 가족의 어른들에 대해 알아보는 시간입니다.

    1) 이름, 나이, 고향, 직업, 신앙 정도는 알고 있겠지요?

        ① 친할아버지 : ....

           친할머니   : ....

        ② 외할아버지 : ....

           외할머니   : ....

    2) 가족의 어른들에 대한 선한 기억을 자녀들과 이야기합니다.

2. 부모가 지난 추억들을 자녀에게 들려주는 시간입니다.

    1) 자녀에게 결혼(데이트)에 대한 에피소드를 들려줍니다.

    2) 자녀의 출생과 양육에 대한 에피소드를 들려줍니다.

    3) 어떤 계기로 예수님을 믿게 되었는지 들려줍니다.

3. 가족의 지난 사진이나 동영상을 보며 추억하는 시간을 갖습니다.

나눔과 활동 2

우리 가족의 성공과 행복

▲ 산상수훈, 십자가 앞의 여인들, 십자가의 그리스도   by Tissot

1. 성공에 대한 각자의 생각을 이야기합니다.

    1) 왜, 열심히 공부하고 땀 흘려 일합니까?

    2) 어떤 사람을 가리켜 성공했다고 말합니까?

    3) 성공하면 행복하다고 생각합니까?

2. 행복에 대한 각자의 생각을 이야기합니다.

    1) 나는 이런 때(경우)에 행복함을 느낍니다.

      ① _____

      ② _____

      ③ _____

    2) 나는 다음 세 가지가 있으면 행복합니다.

      ① _____

      ② _____

      ③ _____

3. 예수님은 성공적이며 행복한 삶을 사셨다고 생각한다면,
   그 이유를 설명할 수 있습니까?

나눔과 활동 3

우리 가족의 가치

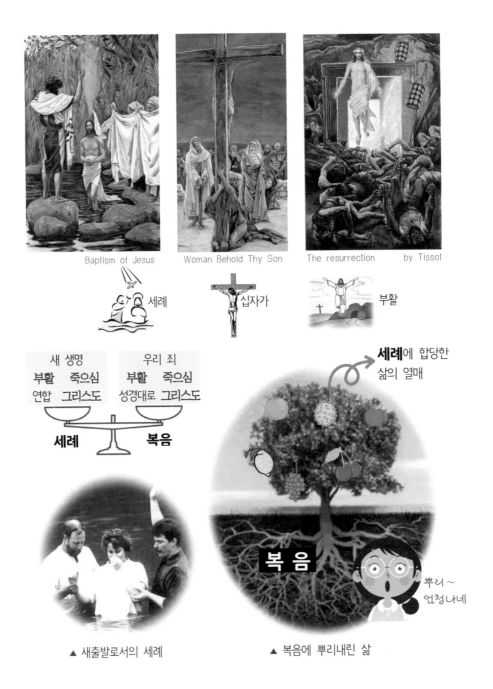

Baptism of Jesus　　Woman Behold Thy Son　　The resurrection　　by Tissot

세례　　십자가　　부활

새 생명	우리 죄
부활　죽으심	부활　죽으심
연합　그리스도	성경대로　그리스도
세례	**복음**

세례에 합당한
삶의 열매

복 음

뿌리~
엄청나네

▲ 새출발로서의 세례　　　　▲ 복음에 뿌리내린 삶

1. 예수 그리스도를 믿는다면 다음 질문에 답할 수 있어야 합니다.

   1) 예수 그리스도의 '복음'(Good News)을 설명할 수 있습니까?

   ....

   ....

   2) 당신은 예수님을 믿은 후, 생활에 어떤 변화가 있었습니까?

2. (세례를 받았다면) **물세례가 어떤 의미인지 설명할 수 있습니까?**

   ....

   ....

3. 가족의 가치를 담은 가훈을 만들고, 그 의미를 곱씹는 시간을 갖습니다.

나눔과 활동 4

우리 가족만의 이야기

1. 어린양의 피 바르기   2. 유월절 먹기
3. 출애굽하는 이스라엘   4. 만나 줍기

J. Tissot

inheritance, 상속

1. (자녀에게 들려주는 출애굽 이야기처럼, 출 13:8, 14)

   힘든 날, 하나님께서 어떻게 도우셨는지 자녀에게 들려줍니다.

2. 가족은 하나님께서 가족 서로에게 주신 선물입니다.

   1) 우리 가족은 언제까지 한 지붕 아래 살게 될까요?

   2) 가족 서로 간에 다하지 못한 감사를 나눕니다.

3. 가족 서로에게 변화되어야 할 것, 한 가지만 이야기합니다.

나눔과 활동 5
우리 가족의 규칙

가족 스포츠

가정예배

성탄절

여행

주일예배

세족식

생일 파티

Explain it!
가족 비전 나눔
Vision

가족 소풍

가족 외식

1. 우리 가정에서 다음 가족들의 발언권은 어떤 경우에 가장 큽니까?

- 아버지(남편) :
- 어머니(아내) :
- 자녀(아들, 딸) :
- 할아버지, 할머니 :

2. 그리스도인의 가정에 규칙이 필요한 이유는 무엇 때문입니까?

3. 우리 가족이 지키기로 약속한 규칙에는 어떤 것들이 있습니까?

생일

Spiritual

세례
생일

주일예배

가정예배

목요
세족

부활절
애찬

성탄절

Promise?

우리 가족이 지킬 수 있는 규칙?

한 해의 계획 vision 나누기

4. 당신 가족은 '가정 예배'를 드리는 규칙이 있습니까?

5. 당신 가족은 가정에서 그리스도를 경축하는 규칙이 있습니까?

　　■ 성탄절 : ....

　　■ 부활절 : ....

6. 당신 가족은 '세례 생일'을 축하하는 규칙이 있습니까?

　　■ 세례 생일 : ....

　　■ 기타 : ....

오이냉국을 먹으며

김효현

오이냉국에서 엄마 냄새가 난다

어릴 적 무더위를 가시게 했던
새콤하고 시원한 오이냉국

50년 세월에도 씻겨나가지 않고
혓바닥 어디에 고이 남아 있었을까
코끝 어디에
엄마 냄새가 매달려 있었을까

찻잎처럼 말라
바스러져 버렸을 것 같은 고향의 추억이
뜨거운 물에 찻잎이 기지개를 켜고
노오란 향기로 일어나듯
입안에 감도는 오이냉국 한 숟갈이
어이 엄마 품으로 데려가 주는 것인가

✔ 김효현, 늘푸른교회 담임(서울 양천구)

행복은 마음 다스리기에 달렸다.
마음을 가다듬어 정리하고 관리하려면
마음을 좌우지하는
마음속 감정을 배워야 하지 않을까?

"모든 지킬 만한 것 중에 더욱 네 마음을 지키라 생명의 근원이 이에서 남이라." (잠 4:23)

"Above all else, guard your heart, for it is the wellspring of life."

나눔과 활동 1
사람의 마음

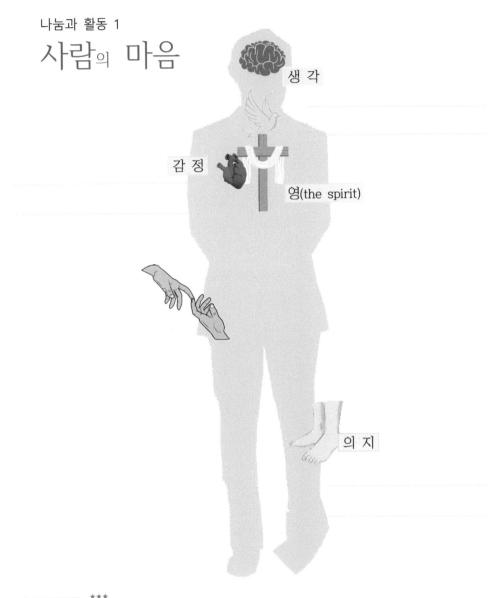

생 각

감 정

영(the spirit)

의 지

NAVER ^{★★★} **마음**

1. 사람이 본래부터 지닌 성격이나 품성
2. 사람이 다른 사람이나 사물에 대하여 감정이나 의지, 생각 따위를 느끼거나
   일으키는 작용이나 태도
3. 사람의 생각, 감정 따위가 생기거나 자리잡는 공간이나 위치

1. 사람의 마음은 . . .

    1) 마음으로 .... (mind)하고 (잠 15:14)

    2) 〃 .... (heart)을 느끼며 (잠 15:13)

    3) 〃 .... (will)를 발휘하여 결정, 결단한다. (잠 16:9)

    4) 마음에는 (사람의) .... (the spirit)도 있다. (고전 2:11)

2. 그리스도인의 마음은 . . .

    1) 사람의 .... 을 가질 뿐 아니라 (위 문제 1번)

    2) 마음에 하나님의 .... 을 새기고 (신 6:6)

       〃 .... 을 모시고 (롬 1:28)

       〃 .... 께서 계시며 (엡 3:17)

       〃 .... (the Spirit)이 계신다. (고후 1:22)

3. 사람에게 마음을 담는
육체가 있음으로써 좋은 점과 불편한 점은 무엇입니까?

나눔과 활동 2
하나님의 마음

보기에 심히 좋구나

◀ 아담을 지으신 하나님

하나님의 마음은?

쫓겨나는 것이 두렵구나 ~

아담과 하와의 ▶ 추방

Sistine Chapel 벽화   by Michelangelo

▼ 십자가를 지신 예수   ▼ 첫 번째 못 by Tissot

▲ 십자가에 들리는 예수   ▲ 창에 찔리는 예수

1. 다음 말씀은 여호와 하나님의 근본 마음이 어떤 분인지 알려줍니다.

"(나는) ＿＿＿＿＿ 롭고 ＿＿＿＿＿ 롭고 ＿＿＿＿＿ 하기를 더디하고

＿＿＿＿＿ (사랑) 와 ＿＿＿＿＿ 이 많은 하나님이라." (출 34:6)

2. 하나님의 마음이 인격적인 이유는 다음과 같습니다.

1) 우리 죄를 위하여 ＿＿＿＿＿ 을 보내시고 (요일 4:10)

2) 우리에게 ＿＿＿＿＿ 하시고 (히 1:1-2)

3) 우리의 ＿＿＿＿＿ 를 들으시고 (시 65:2)

4) 우리와 ＿＿＿＿＿ 계시기 때문이다. (마 1:23)

3. 다음 상황에서 하나님의 마음을 '지정의'로 설명합니다.

1) 천지 만물과 아담을 창조하신 하나님 (창 1:31)

2) 아담과 하와를 동산에서 추방하신 하나님 (창 3:24)

3) 예수님을 화목제물 삼으신 하나님 (요일 4:10)

나눔과 활동 3
마음속의 감정들

예) 걱정, 기쁨, 우울, 짜증, 혐오, 화

1. 한 주간에 마음속에 일어났던 감정, 다섯 가지 이상을 씁니다.

2. 각 사람의 표정은 어떤 감정을 나타내고 있습니까?

3. 다음과 같은 '상황'을 겪으면 어떤 '생각과 감정'이 일어나겠습니까?

    1) 선생님이 수업 시간에 어려운 문제를 물어보려 한다.

    2) 하나님께 드릴 헌금으로 친구들과 떡볶이를 사 먹었다.

    3) 거의 다 먹은 짬뽕에서 머리카락이 나왔다.

    4) 그 친구는 내가 싫어하는 별명을 부른다.

    5) 오랜 기간 전도했던 친구가 드디어 교회에 출석했다.

나눔과 활동 4
감정의 발생과 조절

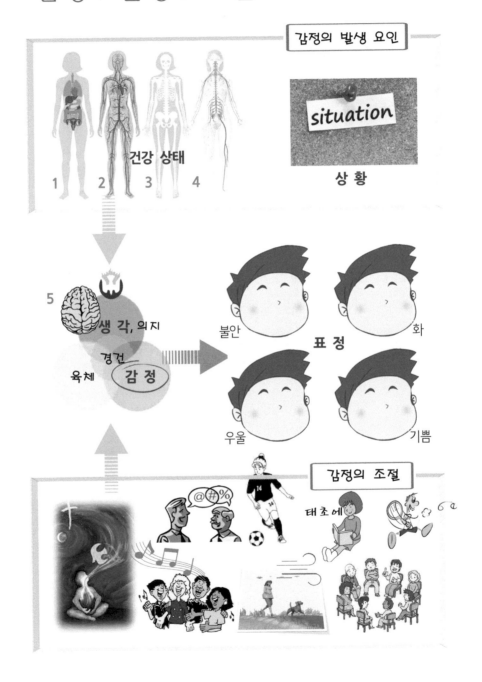

감정의 발생 요인

건강 상태

1   2   3   4

situation

상 황

5

생 각, 의지

경건

육체   감정

불안   표정   화

우울   기쁨

감정의 조절

태초에

1. 우리 마음에 감정이 만들어지는 경로를 설명합니다.

2. 감정에 따라 다양하게 바뀌는 표정을 그립니다.

✔ 감정은 우리 몸의 신체 기관에 많은 영향을 미친다.

    1. 소화, 호흡계   2. 순환계   3. 근골격계
    4. 신경계   5. 두뇌

3. 우리 몸에 만들어진 감정은 어떻게 조절될 수 있습니까?

나눔과 활동 5

감정의 준비 운동

1. 표정 놀이

우울하다	기쁘다	화나다	만족하다
감격스럽다	초조하다	불안하다	쓸쓸하다
두렵다	외롭다	짜증나다	슬프다
괘씸하다	신경질나다	즐겁다	행복하다

■ 표정을 지으면, 상대방은 맞힙니다.
  감정을 특정하면, 상대는 표정을 짓습니다.

■ 표정 놀이를 하면서 어떤 생각이 들었습니까?

2. 감정의 영점 조정

1) 지난 며칠간, 나의 '불안 . . . 우울'의 정도는 다음과 같은 수준이다.

	1	2	3	4	5	6	7	8	9	10
불 안										
화										
기 쁨										
우 울										

2) 다음과 같은 상황이라면 . . . "(나는) ~ "라고 말할 것이다."

① 불 안

② 화

③ 기 쁨

④ 우 울

예) 혐오 : "손대지 마!"라고 말하고 싶으나, 인정하기로 했다.

3. 감정의 분류

기 쁨

화

불 안

우 울

짜증, 초조함, 감격, 신경질, 긴장,
즐거움, 쓸쓸함, 외로움, 서러움,
뿌듯함, 분노, 허전함, 안절부절

✔ 4가지 감정으로 분류합니다.

4. 감정 보드

■ 일정한 시간에 자신의 감정 상태를 보드에 표시합니다.

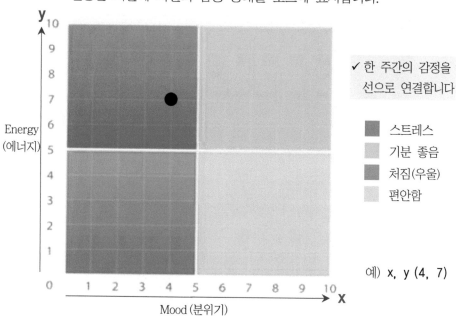

✓ 한 주간의 감정을 선으로 연결합니다

■ 스트레스
■ 기분 좋음
■ 처짐(우울)
■ 편안함

예) x, y (4, 7)

① .... , ... (월) ② .... , ... (화)

③ .... , ... (수) ④ .... , ... (목)

⑤ .... , ... (금) ⑥ .... , ... (토)

⑦ .... , ... (주)

Anthem

아직 울릴 수 있는 종을 울리세요
완벽한 제물은 잊어버리세요
모든 것에는 균열이, 모든 것에는 균열이 있어
균열을 통해 빛이 들어와요

힘써 외쳐요. 아무리 애써도 완벽한 건 없다고
모든 것에는 깨어진 틈, 어떤 틈이 있다고
빛은 그렇게 비취는 거야
틈 사이로 그렇게
그렇게

- Leonard Cohen -

감정은 신앙과 생활에
부정적인 그 무엇으로 여겨졌다.
그런데 알고 보면 감정만큼
우리 삶을 활기차게 하는 게 있을까?

"야곱이 말하기를 내가 내 앞에 보내는 예물로 형의 감정을
푼 후에 대면하면 형이 혹시 나를 받아 주리라." (창 32:20)

"Jacob thought, I will pacify him with these gifts I am sending
on ahead; later, when I see him, perhaps he will receive me."

나눔과 활동 1

그리스도인의 감정

▲ 예수님의 다양한 표정

1. 성육신하신 예수님의 감정은 우리와 비슷한 면이 있습니다.

    1) 성경에 기록된 예수님의 감정들은 다음과 같습니다.

        ① .... (막 3:5)   ② .... (눅 10:21)

        ③ .... (마 14:14)   ④ .... (요 11:35)

    2) 예수님은 .... 의 능력으로 감정을 조절, 관리하셨습니다. (눅 10:21)

2. 그리스도인이 예수님처럼 감정을 조절, 관리하려면 . . .

    ▪ 기독교 교육의 차원에서 '천국의 정서'와 관련된

                                .... 지능에 주목해야 합니다.

3. 두 성도의 가정을 '감정의 조절과 관리'의 측면에서 비교합니다.

나눔과 활동 2

감정 발생의 원리

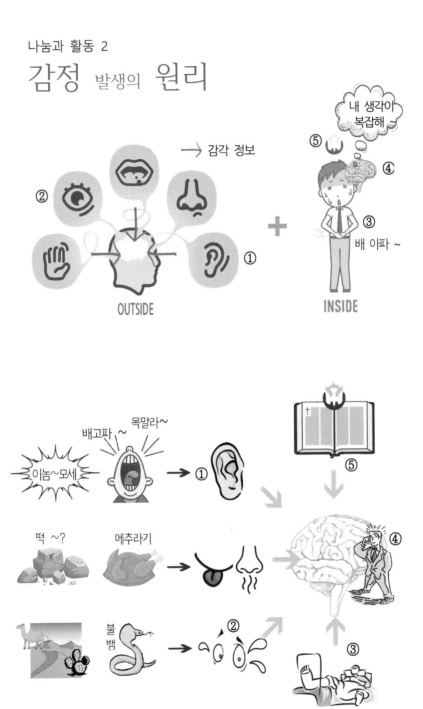

1. 광야의 이스라엘 자손이 하나님과 모세를 원망했던 것은
   그들에게 두려운 감정이 일어났기 때문입니다.

   ■ 두려운 감정이 어떻게 일어났는지 신체 기관으로 설명합니다.

   귀(①) : _____

   눈(②) : _____

   (민 14:28, 21:5-6)

2. 귀와 눈 같은 감각기관이 아니어도 다음과 같이 감정이 만들어집니다.

   1) _____ (그림 ③)

   2) _____ (그림 ④)

3. 그리스도인만이 경험하는 특별한 감정은

   _____ (그림 ⑤)의 감동으로 주어집니다.

   ✔ 서로가 경험한 '성령의 감동'을 이야기합니다.

나눔과 활동 3

감정 습관

1. 자주 웃는 사람, 그냥 입 다물고 사는 사람, 툭하면 화내는 사람 . . .

    1) 가족이 자주 보이는 감정적 반응을 주제로 이야기합니다.

    2) 자신의 '감정 습관' 하나를 밝힐 수 있습니까?

2. 그녀가 교통사고로 입원한 아들에게 화낸 이유를 설명합니다.

3. 그녀가 고질적 감정 습관에서 벗어나려면 어떻게 해야 합니까?

나눔과 활동 4
감정의 특징 1

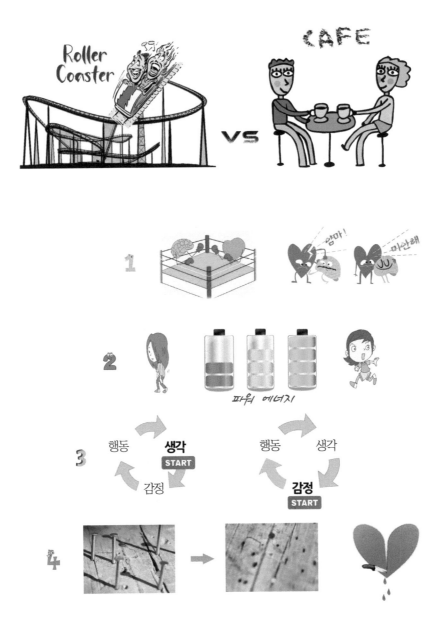

1. 어느 쪽 남녀의 만남이 성사되겠으며, 그 이유를 설명합니다.

....

.... (동영상 참고)

2. 감정은 다음과 같은 특징이 있습니다. (그림 참고)

1) ....

2) ....

3) ....

4) ....

감정의 특징 2

▲ 다양한 감정 해소법

▲ 물병의 법칙   ▲ 부메랑의 법칙

1. 감정을 없애는 신약을 복용하면 어떤 장단점이 있을까요?

2. (그림 2와 같은) 감정 해소 방법들이 얼마나 효과가 있을까요?

3. '감정 기억'이 퇴적물이나 빙산에 비유되는 이유를 생각해 봅니다.

4. 감정에 관한 다음 법칙들을 설명합니다.

    1) 물병의 법칙 : ....

    ....

    2) 부메랑의 법칙 : ....

    ....

나눔과 활동 5

행복한 가정 세우기

I. 상황 파악하기

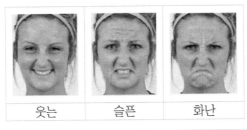

웃는	슬픈	화난

예) 슬픔, 두려움, 기쁨,
분노, 우울, 놀람, 혐오

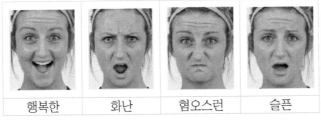

행복한	화난	혐오스런	슬픈

2

▲ 베드로의 두 번째 부인   Tissot

1. 상황에 따른 얼굴 표정을 읽어야 감정을 이해할 수 있습니다.

1) (첫 번째 그림에서) 공통된 메시지는 .... 입니다.

2) (두 번째 그림에서) 네 가지 표정은

.... (이)라는 하나의 감정을 나타내고 있습니다.

2. 상황을 파악해야 생각을 읽고 감정을 이해할 수 있습니다.

1) 베드로가 처한 **상황**을 이야기합니다. (이하, 마 26:69-75)

2) 베드로는 어떤 **생각**을 하고 있었을까요?

3) 베드로의 **감정**을 이해해 봅니다.

1. 베드로의 첫 번째 부인
3. 베드로의 세 번째 부인
4. 통곡하는 베드로

Tissot

Ⅱ. 생각 알아차리기

■ 안팎이 다른 감정

"가서, 그 아기에 대하여 자세히 알아보고, 찾거든 ~
내게 알려주시오. 나도 가서 ~
그에게 경배할 생각이오"

▲ 헤롯왕을 만나는 동방박사들   Tissot

■ '또봉이'의 일기

시험 기간이라 가족이 나를 조심스럽게 대한다. 엄마의 잔소리는 줄었고, 평소에 시끄러웠던 동생의 목소리와 거실의 TV 소리도 들리지 않아 집안이 마치 산중 같다. 그런데 오늘 치른 수학 시험, 망친 거 같아 마음이 심란하다.

낙심한 채 집에 돌아오니, 엄마는 공부하느라 애썼다며 맛있는 간식을 준비해 주셨다. 나는 순간 눈물이 핑 돌았지만 퉁명스럽게 "누가 이런 거 먹고 싶다고 했어?"라며 문을 "꽝~!" 하며 닫고 내 방으로 들어왔다.

부탁한다 ~

예 ~
알았습니다

나만 심부름시켜

$#@

나도 할 일이
참 많아 . . .

1. 헤롯의 겉으로 드러난 생각과 숨은 생각은 다음과 같습니다.

    1) 겉 생각 : ....

    2) 숨은 생각 : ....

                                    (마 2:1-12절을 읽고)

2. 영적으로 건강한 성도라면 자기감정에 솔직해질 필요가 있습니다.

    1) 또봉이의 겉 감정과 숨은 감정을 설명합니다.

        ....

    2) 또봉이는 어떤 식으로 자기감정에 솔직해질 수 있을까요?

        ....

3. 가족이 서로 "요즘 무슨 생각을 하며 사는지 . . ."라고 묻고 답합니다.

5. 감정과 친해지기.

Ⅲ. 감정 다스리기

Tissot

1. 바로 앞의 모세와 아론
2. 피를 변한 나일강
3. 피리 재앙
4. 문설주에 바른 피
5. 장자의 죽음

1. 감정을 다스리지 못하면 불필요한 고집을 부리게 됩니다.

  1) 필요한 고집과 불필요한 고집을 구분할 수 있습니까?

  2) 불필요한 고집을 부려 손해 본 경험을 이야기합니다.

2. 불필요한 고집을 부리면, 개인이든 공동체든 위기를 겪습니다.

  1) 바로는 "내 백성을 보내라."는 하나님의 명령을 수없이 거절했는데,
     이는 그의 마음이 .... 했기 때문이다. (출 11:10)

  2) 마음이 완악(완강)하다는 뜻은 다음과 같습니다.
     ■ 마음이 .... 고(행 19:9) .... 어 (잠 11:20)
       .... 이 세다(출 10:1, 공동)는 뜻이다.

3. 감정을 잘 다스려 고집을 부리지 않으려면 . . .

  1) (상대방의 말에 주의를 기울여) .... 마음 (왕상 3:9)

  2) (자기보다 남을 낮게 여기는) .... 한 마음 (빌 2:3)

  3) .... 이 필요하다.

행복한 우리 가정

우리 가정의 문을 열면,
주의 온유함이 가득 흐르고,
겸손한 미소가 환하게 퍼진다.
따뜻한 손길, 포근한 말 한마디,
사랑의 향기가 집안 가득 채운다.

아침 햇살이 창문을 스치면,
우리의 마음도 밝게 빛나고,
서로를 위한 작은 배려들이,
눈부신 기쁨으로 피어난다.

저녁이 되면, 온 가족이 모여,
식탁을 둘러싼 웃음소리,
주의 겸손함을 닮은 감사 기도,
서로 있음에 감사하며,
마음 깊이 사랑을 느낀다.

아이들의 순수한 눈망울 속엔,
주의 온유함이 비치고,
부모의 따뜻한 품 안에서,
태초의 안식이 자리한다.

어느 날 비바람이 몰아쳐도,
주님 보이신 것처럼 서로를 감싸고,
이해하며 함께 하기에,
행복은 우리 곁에 머물러 있다.

우리 가정은 작은 천국,
그리스도의 사랑이 머무는 곳,
모든 걸 넉넉히 이기는 힘으로,
하나님의 생명은 끝없이 이어진다.

Designed by Wannapik

by 작가 미상

불안은 하나님에 대한 믿음을 접으라는
소리 없는 아우성이다.
야생마에 재갈 물리듯
불안을 제어할 수는 없을까?

"내 영혼아 네가 어찌하여 낙심하며 어찌하여 내 속에서 불안해 하는가 너는 하나님께 소망을 두라 그가 나타나 도우심으로 말미암아 내가 여전히 찬송하리로다." (시 42:5)

"Why are you downcast, O my soul? Why so disturbed within me? Put your hope in God, for I will yet praise him, my Savior."

나눔과 활동 1

건강한 **자기감정**

Charlotte Scott-Wilson 감독의 'Hold On'

▲ 저녁 골목 상가

시 험 ▶

1. 당신은 주로 어떤 경우에 불안을 느낍니까?

    1) ....

    2) ....

    3) ....

2. 불안을 느끼지 못하면 어떤 일이 벌어질지 상상해 봅니다.

(불안이 오히려 유익한 이유를 말해도 좋다.)

    1) ....

    2) ....

    3) ....

3. 당신은 자기 자신을 평가할 때 어떤 감정을 느낍니까?

나눔과 활동 2

불안 인식

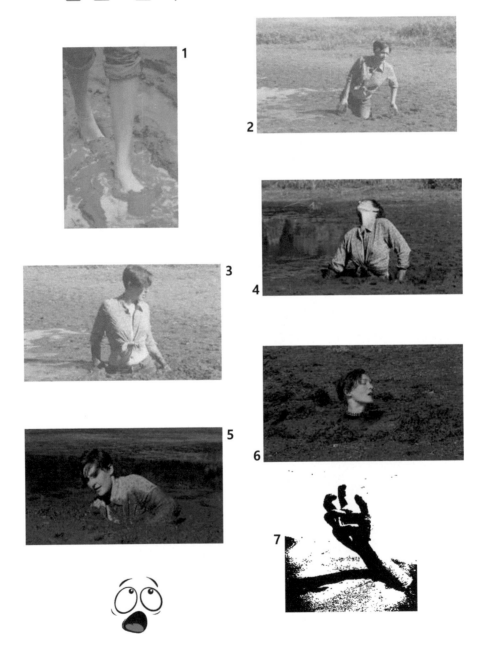

1. 예수님께서 "내 마음이 괴로워 죽을 지경
   이다. (막 14:34)"라고 하셨습니다.

   예수님의 불안은 왼쪽 그림 '1 - 7' 가운데
   어느 정도에 해당합니까?

괴로워 하시는 예수님 ▶

James Tissot

2. (당신의 경우)

   불안하면 몸에 어떤 증상이 나타납니까? (첼리스트 영상 참고)

   ....

   ....

3. 감정인식이 감정을 조절 관리하는 첫 단추임을
   재갈과 관련지어 설명합니다.

   ....

   ....

나눔과 활동 3
숨은 생각

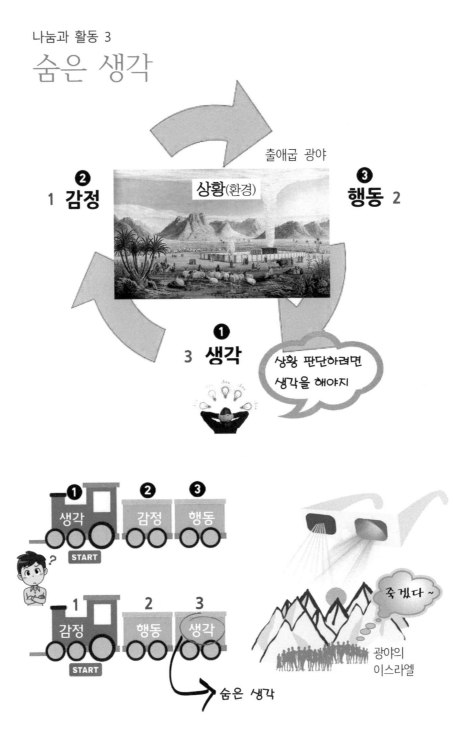

1. 이스라엘이 원망했던 광야의 상황은 크게 둘로 요약됩니다.

    1) 먹을 .... 이 없음 (출 16:1-4)

    2) 마실 .... 이 없음 (출 17:1-4)

2. 광야 생활을 하던 이스라엘 자손의 '숨은 생각'은 무엇입니까?

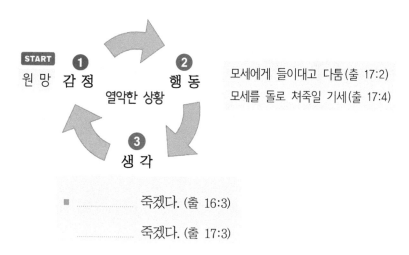

모세에게 들이대고 다툼(출 17:2)
모세를 돌로 쳐죽일 기세(출 17:4)

   ■ .... 죽겠다. (출 16:3)

   .... 죽겠다. (출 17:3)

3. ('열악한 상황'이 바뀔 수 없다면)
어떻게 원망하는 감정을 이겨낼 수 있겠습니까?

   ■ 하나님의 .... 이 담긴 하나님의 언약을 믿어야 한다.

나눔과 활동 4
불안 이해

1. 미리암의 찬양   2. 광야의 우상 숭배   3. 돌판을 던지는 모세

Tissot

1. 불안한 감정을 이해하려면 숨은 생각을 알아차려야 합니다.

　1) 어머니가 화내는 이유는

　　(그녀가) .... 라고 생각하기 때문이다.

　2) 아들이 불안해하는 이유는

　　(그가) .... 라고 생각하기 때문이다.

2. 시험을 보는 중에 별별 생각이 다 들었다. 숨은 생각은 무엇인가?

　　▪ 어차피 틀릴 것이니 아무렇게나 찍고 잔다.
　　▪ 공부한 것을 기억하기 어려우니 컨닝을 준비한다.
　　▪ 심호흡하면서 공부한 것을 떠올려 최선을 다해 문제를 푼다.
　　▪ 시험지를 쥐고 '너무 어렵다'라고 생각하며 한 시간을 보낸다.

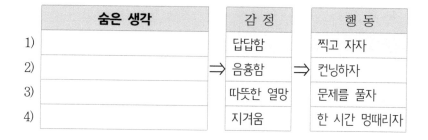

	숨은 생각	감 정	행 동
1)		답답함	찍고 자자
2)		음흉함	컨닝하자
3)		따뜻한 열망	문제를 풀자
4)		지겨움	한 시간 멍때리자

(감정과 행동 사이에 ⇒ 표시)

3. 광야의 이스라엘 자손이 원망에서 벗어나려면 . . .

　1) 감정 인식 ➔ 숨은 .... 찾기

　2) " .... ➔ 감정 ➔ 행동"의 사이클 회복

　3) 하나님의 .... 을 가져야 한다.

나눔과 활동 5

행복한 믿음의 가정

1. 여호와께서 아브람에게 이르시되 너는 너의 고향과 친척과 아버지의 집을 떠나 내가 네게 보여 줄 땅으로 가라

2. 내가 너로 큰 민족을 이루고 네게 복을 주어 네 이름을 창대하게 하리니 너는 복이 될지라

5. 아브람이 . . . 하란에서 모은 모든 소유와 얻은 사람들을 이끌고 가나안 땅으로 가려고 떠나서 마침내 가나안 땅에 들어갔더라 (창 12:1-2, 5)

Ⅰ. 하나님의 분부를 듣고 오히려 불안했던 아브람

1. 하나님께서 아브람에게 분부하신 내용과 약속은 무엇입니까?

1) 분 부 : .... (창 12:1)

2) 약 속 : .... (창 12:2)

2. 아브람이 하나님의 분부를 받아들일 때, 어떤 마음이었을까요?

   ■ 갈 바를 알지 못하여 여전히 .... 한 중에도

   하나님의 약속을 .... 으로 순종하여 약속의 땅으로 갔다.
   (히 11:8-9)

Ⅱ. 하나님의 약속을 믿음으로, 만민에게 복이 된 아브람

1. 순종하는 실천

■ 아브람은 가나안 땅으로 가려고 ...., 가나안 땅에 .... 갔다.

(창 12:5)

1) 당신의 걱정거리를 ⑪, ⑫에 씁니다.
2) 열두 가지 사례들을 아래의 표에 분류합니다.
3) '내가 해결할 일'은 구체적으로 어떻게 해결할지 설명합니다.

① 엄마 몰래 컴퓨터 하다가 걸렸어, 어쩌지?
② 학교 성적이 나쁘니 장래에 거지가 될지 몰라.
③ 주일 예배 안 드리고 친구하고 놀았는데, 부모님께 들키면 어쩌지?
④ 내일 학교 과제를 발표해야 하는데, 벌써 입이 굳어서 어떡해?
⑤ 새 학기가 되었는데, 일진과 같은 반이면 어쩌지?
⑥ 외모가 남들보다 못한 거 같아. 성형해야 할까?
⑦ 부모님이 요즘 싸우는 모습을 보면 내가 고아가 될 거 같아.
⑧ 나만 이성 친구가 없는 거 같아. 내게 뭔가 부족한 게 있을까?
⑨ 60세가 되기 전에 할아버지처럼 대장암에 걸려 죽을지 몰라.
⑩ 교회 친구들이랑 빌라 주차장에서 담배 피웠는데, 양심이 거리껴.

⑪ _____

⑫ _____

거의 일어나지 않는 일	이미 지나간 일	일어나도 문제없는 일	어쩔 수 없는 일	내가 해결할 일
40%	30%	22%	4%	4%

2. 불안 쉐어링 sharing

■ 아브람에게는 불안을 나눠 짊어질 아내 .... 가 있었다.

(창 12:5)

성별＼연령	유아	유치	초~고등	30대	50대
남 자	먹을 것	①	공 부	외로움	③
여 자	먹을 것	인형	공부, ②	경 제	경 제

(NEWSIS, 2019. 11)

1) 그들은 무엇으로 불안해할까요?

① .... ② .... ③ ....

2) 나는 무엇으로 불안해하는지 마음 깊은 곳에서 끄집어냅니다.

① ....

② ....

3) 가족과 실제로 '불안 쉐어링'을 한 후, 기도로 마칩니다.

3. 성령의 복식호흡

■ 아브람은 온몸을 하나님께 맡기는 외적 표로 .... 을 쌓았다.
(창 12:7)

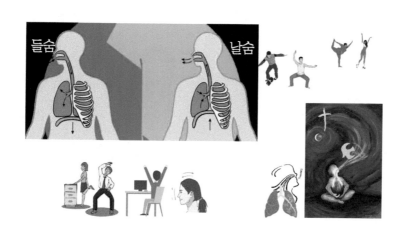

■ 성령의 복식호흡은 자기 몸에 제단을 쌓은 것과 같습니다.

"그들을 향하사 숨을 내쉬며 이르시되 성령을 받으라." (요 20:22)

성령의 복식호흡을 정해진 시간에 실천합니다.

요일 종류	월	화	수	목	금	토	주
스트레칭							
복식호흡							

실천(O, X)

4. 믿음의 선포

■ 아브람은 여호와께 제단을 쌓고 여호와의 이름을 ⋯⋯⋯ 다.

(창 12:8)

■ 다음 고민거리에 대해 상황에 맞게 믿음으로 선포합니다.

① 성적이 낮으니, 장래에 거지가 될지 몰라.

② 내일 학교 과제를 발표해야 하는데, 벌써 입이 굳어서 어떡해?

③ 부모님이 요즘 다투는 모습을 보면 내가 고아가 될 거 같아.

④ 60세가 되기 전에 할아버지처럼 대장암에 걸려 죽을지 몰라.

⑤ _____

⑥ "사랑(감사, 행복, 찬양 . . .) 합니다." × 10번 고백합니다.

5. 장래의 소망을 그려봄

■ 아브람은 하늘의 .... 을 보고 하나님의 약속이 성취될 것을 믿었다.

(창 15:5-6)

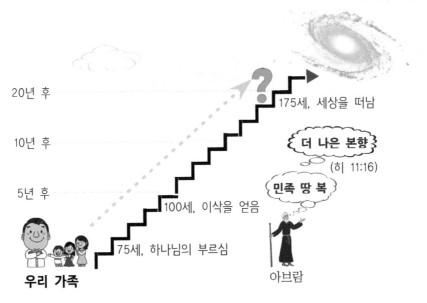

■ **나는 앞으로 이렇게 살면** (후회 없이) **보람될 줄 믿습니다.**

topic 7 화 (사랑의 결핍)

화가 없을 수는 없지만
해 질 때까지 화를 풀라고 했다.
행복한 가정, 건강한 교회가 되려면
화가 조절 관리되어야 하지 않을까?

"분을 내어도 죄를 짓지 말며 해가 지도록 분을 품지 말고,
마귀에게 틈을 주지 말라." (엡 4:26-27)

"In your anger do not sin: Do not let the sun go down while
you are still angry, and do not give the devil a foothold."

나눔과 활동 1

화나게 하는 것들

1

▲ 처참한 어른들

2

▲ 독도는 일본 땅

3

▲ 음주 운전

4

▲ 이스라엘-하마스 전쟁

5

▲ 지구환경 파괴

6

▲ 필라델피아 마약 거리

1. 동영상을 보면서, 어떤 생각이 들었는지 의견을 나눕니다.

    1) ....

    2) ....

    3) ....

    4) ....

    5) ....

    6) ....

2. 1~6에서 가장 화난 동영상은 100℃에,
강도가 낮은 화는 20℃에 표시합니다.

그리고 그 이유를 설명합니다.

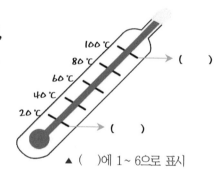

▲ (   )에 1 ~ 6으로 표시

3. 당신은 최근에 무슨 일로 화를 냈는지 가족과 함께 이야기합니다.

나눔과 활동 2

화, 상황과 이유

너희는 강도의 소굴을 만드는 도다

◀ 예수님의 성전 정화

▼ 버스 승객 차별(재현)

▲ 성서시대 예루살렘 성전(모형)

로자 파크스 ▶

누구 잘못인데~

바로~ 당신 탓이야

당신이 문제야~

1. 다음 사건 당시의 상황과 분노(화)하게 된 이유를 이야기합니다.

    1) '로자 파크스' 사건에 크게 분노한 '마틴 루터 킹' 목사

    2) 더럽혀진 예루살렘 성전에 분노하신 예수님 (요 2:13-16)

2. 당신은 주로 어떤 상황에서 화를 냅니까?

    1) 가정에서 : ....

    2) 교회에서 : ....

    3) 직장, 사회생활에서 : ....

3. 감정을 다스리지 못하면 불필요한 화를 낼 수 있습니다.

    1) 필요한 화와 불필요한 화를 구분할 수 있습니까?

    2) 쓸데없이 화를 내서 손해 본 경험을 이야기합니다.

나눔과 활동 3

화에 따른 몸의 변화

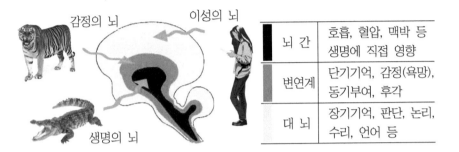

■	뇌 간	호흡, 혈압, 맥박 등 생명에 직접 영향
■	변연계	단기기억, 감정(욕망), 동기부여, 후각
■	대 뇌	장기기억, 판단, 논리, 수리, 언어 등

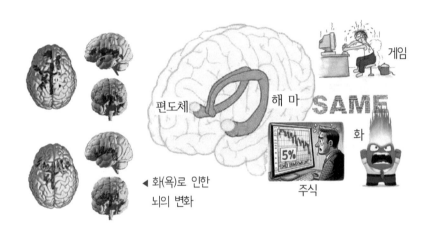

◀ 화(욕)로 인한 뇌의 변화

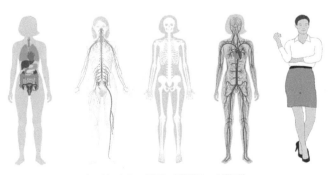

(소화 호흡, 신경, 근골격, 순환계)

1. 사람의 뇌와 동물의 뇌는 구조적으로 어떤 차이가 있습니까?

2. 화를 자주 내면 사람의 두뇌가 어떻게 변화되는지 알고 있습니까?

3. 화를 내면 뇌뿐만 아니라, 신체 기관에 어떤 변화가 일어납니까?

나눔과 활동 4

화 풀기

▲ 화를 인식하는 법

뿌드득　꼬~옥　부들부들　야, 이놈 ~　힐긋　뿍뿍 ~

씩씩　에효~ 답답　쾅쾅~!　두근두근　에라~　뿌셔뿌셔

투쟁　협상　회피　재판　화해

▲ 화를 푸는 다양한 방식

1. 당신은 자신이 화내고 있다는 사실을 어떻게 알아차립니까?

2. 당신은 화가 나면 어떤 방식으로 표현합니까? (말투, 표정, 행동 등)

3. 당신은 가정에서 화가 나면 어떤 방식으로 풀어냅니까?

나눔과 활동 5
행복한 사랑의 가정

안디옥 교회는 금식하며 기도하는 가운데 바나바와 바울에게 안수하여 그들을 이방인의 선교사로 파송하였다. 그들은 구브로에서 복음을 전하고 이어 밤빌리아 지방의 버가에 이르렀다. 이때 요한은 일행과 헤어져 예루살렘으로 돌아갔다.

시간이 흘러 바울은 바나바에게 선교여행을 제안했다. 바나바는 마가라 하는 요한을 데려가자 하였으나, 바울은 이전에 밤빌리아에서 자기들을 버리고 함께 일하러 가지 않은 마가와 동행할 수 없다고 바나바의 요청을 거절했다. 그래서 바나바와 바울은 심하게 다툰 끝에, 서로 갈라서고 말았다. (행 13:1-13, 15:36-39)

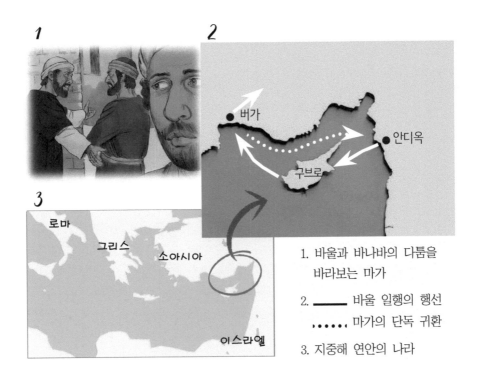

1. 바울과 바나바의 다툼을 바라보는 마가

2. ─── 바울 일행의 행선
 ••••• 마가의 단독 귀환

3. 지중해 연안의 나라

Ⅰ. 화가 나, 말다툼한 예수님의 제자들

1. 인도자는 본문의 내용을 알기 쉽게 설명합니다.

2. 바나바와 바울은 시비를 가리며 심하게 말다툼했습니다.

   1) 두 사람은 무엇 때문에 말다툼했습니까?

   ....

   2) 각 사람의 마음을, 감정을 나타내는 단어로 설명합니다.

   ▪ 바나바와 바울 : ....

   ▪ 마가 요한 : ....

   3) 두 사람이 다툰 이후, 바울과 마가의 관계를 생각해 봅니다.

   ....

   (행 15:39-40, 딤후 4:11)

Ⅱ. 하나님의 **사랑**으로 불편한 관계를 극복한 바울 사도

1. 그 자리를 벗어나기

▲ 이웃과의 갈등

▲ 부부 싸움

▲ 친구와의 다툼

▲ 상사와의 갈등

▲ 어린아이의 짜증

▲ 과도한 업무 스트레스

▲ 상사의 부당 대우

▲ 사회의 부정부패

1) 주체할 수 없이 화날 때,
   화를 멈추기 위해 가장 먼저 해야 할 일은 무엇이라 생각합니까?

2) 사람들은 화나면, 하던 일을 잊거나 해야 할 일을 그만두기도 합니다.
   그러면 바울과 바나바는 다툰 이후 어떻게 했습니까?

   ....

   .... (행 15:36-41)

2. 그 자리를 벗어나서 시도할 것들

▲ 성령의 복식호흡   ▲ 조용한 음악   ▲ 한적한 조깅

▲ 격렬한 운동   ▲ 말씀 묵상   ▲ 산책

1) 본받지 않아야 할 화풀이 방법과 그 폐해를 이야기합니다.

2) 감정이 복받칠 때,
   기도가 오히려 화가 될 수 있는 이유를 생각해 봅니다.

3. SH 쉐마 기도 (고전 15:1-4)

께서

를 위하여

에서

으시고

를 위하여

하셨습니다

합니다

합니다

많이요

성령님 ~

4. 화해의 실천

1) 바울 사도는 화해를 실천하고 싶었습니다.

   ① 내(바울)가 화난 이유는 무엇 때문인가? (why?)

      ....

      .... (행 15:36-41)

   ② 내가 바라는 것은 무엇인가? (want)

      .... (딤후 4:11)

   ③ 나는 마가를 만나 무슨 말을 하지? (say)

      ....

      ....

2) 또봉이는 화해를 실천하고 싶었습니다.

   ① 내(또봉이)가 화난 이유는 무엇 때문인가? (why?)

   ② 내가 바라는 것은 무엇인가? (want)

   ③ 나는 엄마와 가족에게 무슨 말을 하지? (say)

내 눈빛을 꺼주소서

릴케

내 눈의 빛을 꺼주소서,
그래도 나는 당신을 볼 수 있습니다.
내 귀를 막아주소서,
그래도 나는 당신의 목소리를 들을 수 있습니다.

발이 없어도 당신에게 갈 수 있고,
입이 없어도 당신의 이름을 부를 수 있습니다.
내 팔을 부러뜨려주소서, 나는 손으로 하듯
내 가슴으로 당신을 끌어안을 것입니다.

내 심장을 막아주소서,
그러면 나의 뇌가 고동칠 것입니다.
내 뇌에 불을 지르면,
나는 당신을 피에 실어 나르겠습니다.

릴케, 살로메

✔ Rainer Maria Rilke (1875-1926)

topic **8** 우울 (감사와 소망의 결핍)

무한경쟁, 끝없는 비교, 몰인정, 가치의 상대화
선한 마음을 짓누르는 어둠의 돌덩이다.
하지만 시선이 바뀌고 희망의 불씨가 있다면
우울함조차도 디딤돌이 될 수 있지 않을까?

"내 영혼아 네가 어찌하여 낙심하며 어찌하여 내 속에서 불안해 하는가 너는 하나님께 소망을 두라 그가 나타나 도우심으로 말미암아 내가 여전히 찬송하리로다." (시 42:5)

"Why are you downcast, O my soul? Why so disturbed within me? Put your hope in God, for I will yet praise him, my Savior."

나눔과 활동 1
우울한 감정

Vincent van Gogh
1853–1890

▲ 자화상(1889)

◀ 슬픔에 잠긴 노인(1890)

엘리야   예레미야   루터   스펄전   테레사

우울한 모습들

1. '빈센트 반 고흐'의 자화상에서 어떤 감정이 느껴집니까?

2. (왼쪽 그림을 참고하여) 우울하면 어떤 변화가 있는지 관찰합니다.

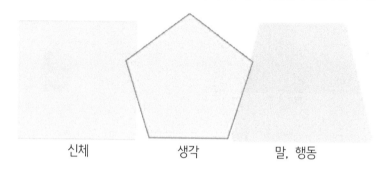

신체   생각   말, 행동

3. 나는 다음과 같은 경우에 우울해집니다.

1) ....

2) ....

3) ....

◀ 별이 빛나는 밤, 고흐
  The Starry Night, 1889

115

나눔과 활동 2
나의 우울 지수

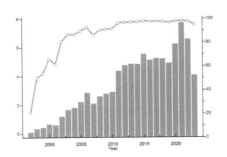

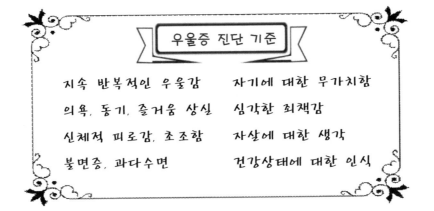

우울증 진단 기준

지속 반복적인 우울감   자기에 대한 무가치함

의욕, 동기, 즐거움 상실   심각한 죄책감

신체적 피로감, 초조함   자살에 대한 생각

불면증, 과다 수면   건강상태에 대한 인식

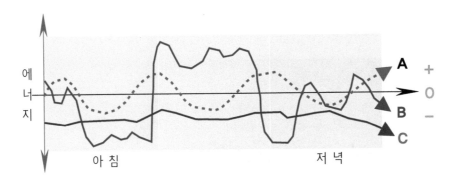

에너지

아침   저녁

A + ○ B - C

✔ A, B, C 세 사람의 '감정 에너지의 변화'는 어떤 특징이 있습니까?

1. 나의 우울 지수는 .... 점으로

.... 상태이다.

2. 다음 세대는 자신의 우울한 감정을 어떤 방식으로 나타냅니까?

　　1) 어린아이 : ....

　　2) 청소년 : ....

3. 자신의 감정 에너지의 변화를 표에 나타내고, 그 의미를 설명합니다.

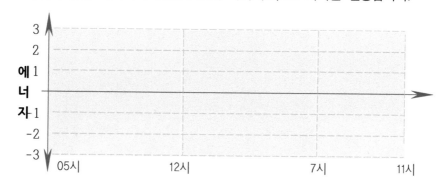

　　✔ 시점: 어제, 오늘, 요즘 . . .

나눔과 활동 3

관점 바꾸기

구름 위를 날아봤다면   그때를 기억해 봅시다

1. 그리스도는 어떤 상황에서도 우리의 절대적인 소망이 되신다.

1) 죽으시고 부활하신 그리스도를   삼으면 (딤전 1:1)

2) 열등감이나 우월감을 낳는   의식에서 떠나게 되고

    바라보고 생각하는   이 바뀌며

    범사에   하게 됩니다.

2. 관점을 바꾸어 생각한 후, 큰 소리로 선포하는 시간을 갖습니다.

> ▪ 나는 *** 보다 못생겼어.
>
> 악마의 생각: 나 같은 얘를 보고 어떤 여사친(남사친)이 사귀겠어?
>
> 천사의 생각: 무슨 소리야. 나처럼 따뜻하고 속 깊은 사람 있으면 나와봐.

1) "나는 *** 처럼 공부를 잘하지 못해."

   ▪ 악마의 생각 :

    천사의 〃 :

2) "왜, 저 사람은 저따위로 생각하는지 알 수가 없어."

   ▪ 악마의 생각 :

    천사의 생각 :

3) "사방을 돌아봐도 내 인생은 폭망하게 생겼어."

   ▪ 악마의 생각 :

    천사의 〃 :

나눔과 활동 4

우울을 삭이는 감사

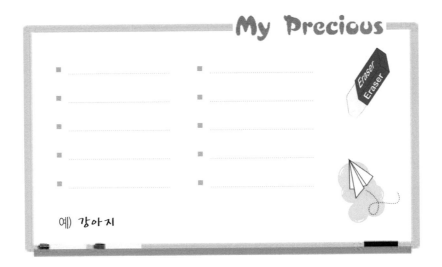

1. 내 귀중한 '그 무엇'(소중한 사람, 귀중한 물건, 꿈 등)을
   '마이 프레셔스'(보배)에 7개 이상 적습니다.

   1) 가족의 보배를 서로 돌아봅니다.

   2) 덜 중요한 것을 하나씩 지우면서, 그 느낌을 이야기합니다.

2. 사는 동안 '내 소중한 ***'에게 말하지 못했던 고마움을 전합니다.

3. 오늘 하루 일과 중에 감사한 것들 3가지 이상을 씁니다.

   ▪ ....

   ▪ ....

   ▪ ....

나눔과 활동 5

행복한 소망의 가정

예수님께서 십자가에서 죽자, 제자들은 지난날 주님과 함께 생활했던 갈릴리로 갔다. 주님께서는 그곳 바다에서 제자들에게 자기를 나타내셨다.

2. 시몬 베드로와 '쌍둥이'라고 불리는 도마와 갈릴리 가나 사람 나다나엘과 세베대의 아들들과 제자들 가운데서 다른 두 사람이 한자리에 있었다.

3. 시몬 베드로가 그들에게 "나는 고기를 잡으러 가겠소" 하고 말하니, 그들이 "우리도 함께 가겠소." 하고 말하였다. 그들이 나가서 배를 탔다. 그러나 그날 밤에는 고기를 한 마리도 잡지 못하였다. (요 21:2-3)

I. 공들여 쌓은 탑이 무너져 마음이 내려앉은 베드로

1. 그가 예수님을 따르며 쌓은 탑은 무엇이며, 언제 무너졌습니까?

　　1) 쌓은 탑 : _____ (마 19:27)

　　2) 탑이 무너진 때 : _____ (마 27:50)

2. 밤새 고기를 한 마리도 잡지 못했을 때, 베드로의 감정은

　　_____ (이다.)

II. 소망 되시는 그리스도로 인해 우울함을 극복한 베드로

1. 우울감을 인식하기

1) 베드로 사도가 느꼈을 감정을 그래프에 옮겨봅니다.

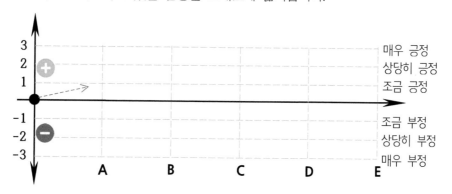

A 베드로, "우리가 모든 것을 버리고 주를 따랐나이다." (마 19:27)

B 예수님, "열두 보좌에 앉아...여러 배를 받고 영생을 상속하리라." (마 19:28-29)

C 베드로, "멀찍이 예수를 따라 대제사장의 집 뜰에까지 가서" (마 26:58)

D 예수님, ... "영혼이 떠나시니라." (마 27:50)

E 베드로, "나는 고기를 잡으러 가겠소." (요 21:3)

2) 우울했던 기억 한 두 가지와 당시의 상황을 이야기합니다.

① 우울했던 기억들

....

② 당시의 상황

....

2. 의미 있는 지난날을 기억하여 감사하기

1) 베드로 사도의 경우

① 예수님과 함께했던 의미 있는 기억들은 무엇입니까?

㉠ ....

㉡ ....

㉢ ....

② 베드로는 예수님께 어떤 감사의 인사를 드렸을까요?

2) 나의 경우

① 지난날의 의미 있는 기억들은 다음과 같습니다.

㉠ ....

㉡ ....

㉢ ....

② 위 기억의 당사자에게 감사를 전합니다.

3. 절대 감사를 고백하기

예수님 날 위해 죽으셨네.
왜 날 사랑하나?
겸손히 십자가 지시었네.
왜 날 사랑하나?

왜 날 사랑하나, 왜 날 사랑하나?
왜 주님 갈보리 가야했나?
왜 날 사랑하나?

Love sent my Savior to die my stead.
Why should He love me so?
Meekly to Calvary's cross He was led.
Why should He love me so?

Why should He love me so? (*2)
Why should my Savior to Calvary go?
Why should He love me so?

1) 그리스도의 죽음이 내 삶에 절대 감사인 이유는 이렇습니다.

2) **'즐거운 교환'**의 기도를 합니다.

4. 절대 소망을 고백하기

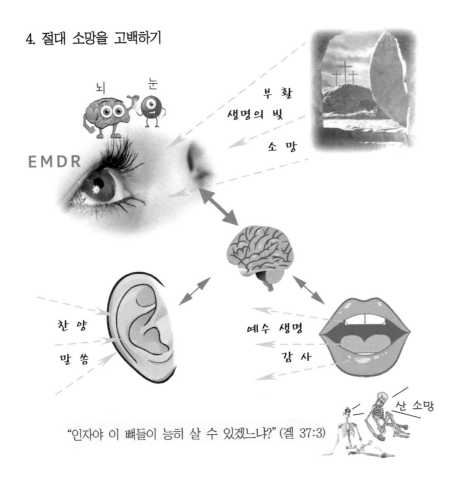

EMDR

뇌 눈

부 활
생명의 빛
소 망

찬 양
말 씀

예수 생명
감 사

산 소망

"인자야 이 뼈들이 능히 살 수 있겠느냐?" (겔 37:3)

1) 그리스도의 부활이 내 삶에 절대 소망인 이유는 이렇습니다.

2) **눈**, 귀 등은 우울증의 통로가 되기도 하지만, 치유와 회복을 돕는다. **'EMDR'**을 실천합니다.

5. 나의 신앙고백

1) "나는 누구인가?" (요 1:22)

2) "나는 무엇을 하며 살아야 하는가?"
(요 1:38)

3) "나는 어디에서 와서 어디로 가는가?"
(요 13:3)

Le Petit Prince

어린 왕자

"네 장미가 너에게 그토록 중요한 것은 네가 장미에게 들인 시간 때문이야."

"나의 꽃이 되어준 그 장미꽃은 한 송이 지만, 수백 송이의 너희들보다 나에겐 더 중요해. 그 꽃은 내가 직접 물을 주었고 . . . 바람막이를 세워주고, 그 꽃이 다 치지 않게 벌레까지 죽였으니까 말이야."

하나님 아버지와 아버지의 아들 예수 그리스도께로부터 오는 은혜와 자비와 평화가, 진리와 사랑 안에서 우리와 함께 있기를 빕니다. (요이 1:3, 새번역)

training 부록

Our Father,
who art in heaven,
Hallowed be thy Name,
Thy kingdom come.
Thy will be done,
on earth as it is in heaven.
Give us this day our daily bread.
And forgive us
our trespasses.
As we forgive those
who trespass against us.
And lead us
not into temptation,
but deliver us
from evil.
Amen.

과거를 기억하지 못하는 이들은
과거를 반복하기 마련이지만,
과거에만 머문다면 현재도
미래도 없다.

십자가와 부활은 어제의 사건이지만 오늘과 내일의 사건이다.

인간 이해 & 정서, 성품 훈련

생 기 (땅의) 흙	영 / 혼 (지정의, 知情意) / 육		영적인 몸 (신령한 몸)
구약(창 2:7)	신약(살전 5:23)	SH 쉐마교육	부활의 몸(고전 15:44)

▲ 인간 이해

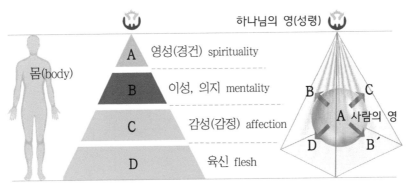

하나님의 영(성령)

몸(body)

A	영성(경건) spirituality
B	이성, 의지 mentality
C	감성(감정) affection
D	육신 flesh

B C
A 사람의 영
D B′

▲ SH 쉐마교육의 인간 이해

	정서 훈련(Emotion)	성품 훈련(Divine Nature)
SQ	말씀, 기도, QT	영적 메타인지
IQ	감정의 인식, 이해, 활용관리	성격의 인식, 이해 에니어그램, 정서지능 하브루타, 소통, 습관
EQ		
PQ	복식호흡, 스트레칭	다양한 신체운동

▲ SH 쉐마교육의 정서, 성품 훈련

쯔다카 Tzedakah 훈련

▲ 과부의 헌금(눅 21:4)   Tissot

"이 과부는 . . . 생활비
전부를 넣었느니라."
(눅 21:4)

- 성경 본문 : 마 6:1-4, 눅 21:1-4

- 모금 방법 : ....

- 돕는 대상 : ....

- 전달 방법 : ....

가정교회의 모임

 가족 모임 가족이 정한 시간
가정

▸ 가정예배
성경 및 일상의 나눔, 가정식

 가족 모임 가족이 정한 시간
가정 등

▸ 더 패밀리(the Family)
가족 소통, 가족 외식

 **지역교회 모임** 평일, 예배당 등

▸ 소그룹
묵상 나눔, 더 패밀리의 피드백

 이웃 모임 공휴일(방학), 야외 등

▸ 공동체 모임
사랑(하나님, 이웃, 나라, 역사,
문화, 자연 등)

진행 원리

▸ 중생한 부모 중심
삶의 지혜, 세대 통합

▸ 하브루타
질문, 토론, 논리, 창의력 등

▸ 반복, 지속

메주자 Mezuzah 만들기

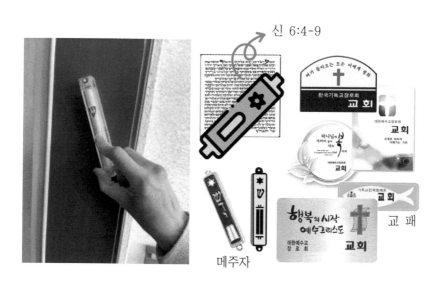

신 6:4-9

메주자

교 패

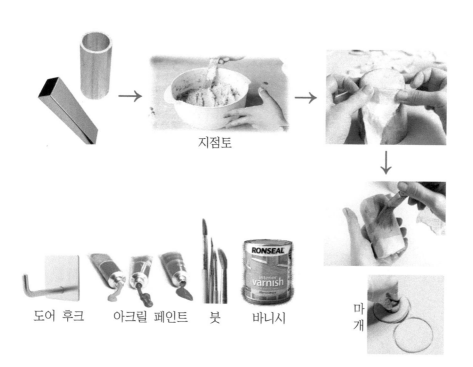

지점토

도어 후크 　아크릴 페인트　붓　　바니시

마
개

서로의 가치를 칭찬하기

♥ 나 .... 는 .... 를 다음과 같이 칭찬합니다.

1. ....
2. ....
3. ....
4. ....
5. ....
6. ....
7. ....

♥ 나 .... 는 .... 를 다음과 같이 칭찬합니다.

1. ....
2. ....
3. ....
4. ....
5. ....
6. ....
7. ....

세례 생일 축하 / 한 해의 계획 vision 나누기

신체 기관 그리기

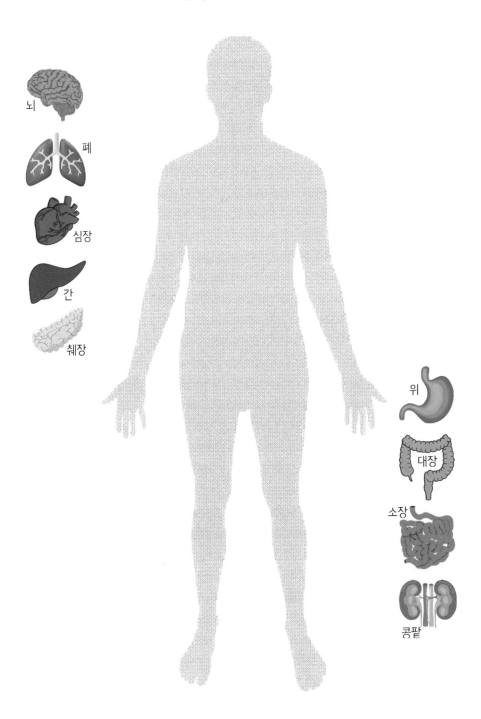

뇌

폐

심장

간

췌장

위

대장

소장

콩팥

자기 성찰 일기 (감정 일기)

성찰하는 순서	반응과 실천
1. 어떤 감정이 스쳐 지나가는가?	쏜살같이 스치는 감정 붙잡기
2. 그때는 어떤 상황이었는가?	육하원칙으로
3. 나의 반응은 어떠했는가?	방어기제로서의 생각이나 행동 (폭력, 거짓, 과장, 거리 두기 등)
4. 왜 그렇게 반응했는가?	죄성, 숨은 동기 (과거의 데자뷔는 있는가?)
5. 자기 성찰, 하나님의 뜻 발견하기 (내가 진정 바라는 것은 무엇인가?)	은혜와 진리의 빛으로 비춰보기
6. 자신의 감정 평가	사랑, 기쁨, 평화, 감사가 있는가?
7. 실천	성찰한 대로 실천

자율신경 강화

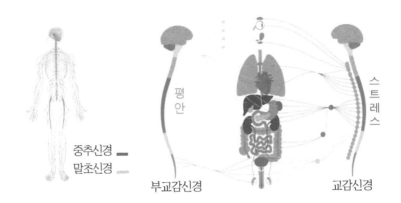

중추신경
말초신경

평안 / 스트레스

부교감신경 / 교감신경

1. 성령의 복식호흡

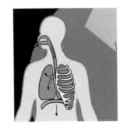
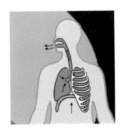

4 - 7 - 8

2. SH 쉐마 기도

3. 신체 기관을 의식하기

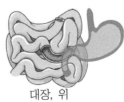

뇌　　　심장　　　폐　　　대장, 위

즐거운 교환 (사 53:4-6)

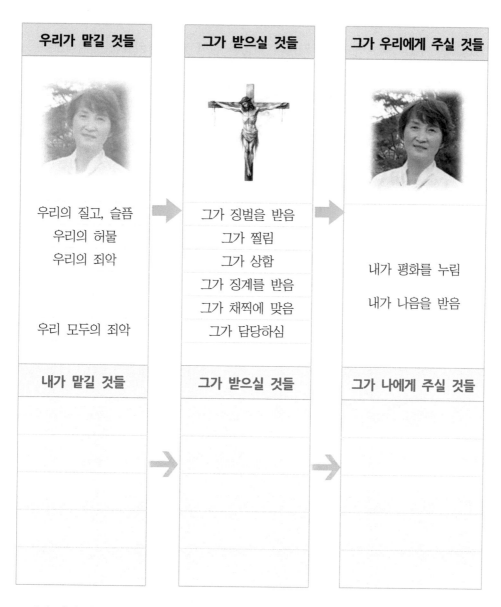

우리가 맡길 것들	그가 받으실 것들	그가 우리에게 주실 것들
우리의 질고, 슬픔 우리의 허물 우리의 죄악 우리 모두의 죄악	그가 징벌을 받음 그가 찔림 그가 상함 그가 징계를 받음 그가 채찍에 맞음 그가 담당하심	내가 평화를 누림 내가 나음을 받음
내가 맡길 것들	그가 받으실 것들	그가 나에게 주실 것들

✔ 내가 맡길 것들 ≒ 그가 받으실 것들

　즐거운 교환을 할 때, '성령의 복식호흡', 'SH 쉐마 기도'를 하면 효과적이다.

EMDR의 실천

EMDR은 우리 몸속 어딘가에 저장된 억압된 감정 기억을 치료하는 기법으로
성경적으로 적용하기에 좋다.

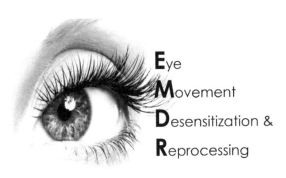

▲ 안구운동 민감 처리 및 재처리 기법

고통스러운 기억은 뇌를 자극
하여, 과거에 매이게 하고, 현
재를 힘들게 하며, 미래를 어
둡게 한다.

빠른 안구운동으로 억압된 기
억에 접근하여 그 기억을 재처
리한다.

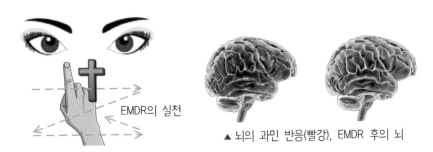

EMDR의 실천

▲ 뇌의 과민 반응(빨강), EMDR 후의 뇌

주제에 따른 색인표

교 재	내 용	교재(부록)
p.11, 문제 2	인간 이해 & 정서, 성품 훈련	130
13, 〃 2	쯔다카 훈련	131
15, 〃 3	가정교회의 모임	132
39, 〃 3	메주자 만들기	133
41, 〃 2	서로의 가치를 칭찬하기	134
45, 〃 6	세례 생일 축하	135
45, 〃 6	한 해의 계획 나누기	135
55, 〃 2	신체 기관 그리기	136
67, 〃 3	자기 성찰 일기	137
71, 〃 1	자율신경 강화	138
91, 〃 3	성령의 복식 호흡	138
109, 〃 3	SH 쉐마 기도	138
125, 〃 3	즐거운 교환	139
126, 〃 4	EMDR의 실천	140

동영상 안내

교 재	내 용	지침서
1. p.15, 문제 3	말하는 공부방	17
2. 69, 〃 1	남녀 데이트	92
3. 83, 〃 2	첼리스트	114
4. 97, 〃 1	(우리를) 화나게 하는 것들	133
5. 99, 〃 1	로자 파크스 사건	137
6. 101, 〃 2	화로 인한 뇌의 변화	141

지은이 : 박주인 오경남 진수일 최인호
교신저자 : 박주인(010-8744-1502)
(shwave119@gmail.com)

값 20,000원

이 출판물은 무단 복제할 수 없습니다.

더 패밀리 - 하나님 나라의 가족

1판 1쇄 발행 2025년 4월 2일

저자 박주인 오경남 진수일 최인호

편집 윤혜린   **마케팅·지원** 김혜지

펴낸곳 (주)하움출판사   **펴낸이** 문현광

이메일 haum1000@naver.com   **홈페이지** haum.kr
블로그 blog.naver.com/haum1000   **인스타그램** @haum1007

ISBN 979-11-7374-034-3(03230)